I0206654

27
72
29500

PANÉGYRIQUE

DE SAINT FULCRAN

Évêque de Lodève.

PANÉGYRIQUE

DE

SAINT FULCRAN

PRONONCÉ

DANS L'ÉGLISE St-FULCRAN DE LODÈVE

Le 21 Mai 1876

Par l'Abbé GINOUVÈS

CURÉ-DOYEN DE MONTAGNAC

Au profit de l'œuvre du Cercle catholique de Montagnac
1 fr. 25 c.

MONTPELLIER

Félix SEGUIN, libraire, rue Argenterie, 25

1876

Montpellier. — **Typ.** P. Groilier, rue du Bayle, 10.

Approbation de Mgr l'Évêque.

—

Optimo decano loci dicti : Montagnac, in diœcesi nostrâ, peramanter impertimur licentiam typis mandandi et in publicam lucem emittendi præclaram orationem quam de Beato Fulcranno, episcopo et confessore, habuit, quamque gratissimam fuisse piis antiquæ cathedralis ecclesiæ Lodovensis civitatis haud dubiis testimoniis didicimus. Faxit Deus ut ea oratio, dum oculis lectorum subjicietur, eosdem pietatis et grati animi sensus excitet quos suscitavit cum e pulpito recitata fuit.

Apud Montempessulanum, die Junii 13ª 1876.

† Fr. M. ANATOLIUS,

Episcopus Montispessul. (et Lodovensis).

A SA GRANDEUR

Monseigneur DE CABRIÈRES,

Évêque de Montpellier.

Monseigneur,

Vous avez daigné accorder à cet opuscule une approbation beaucoup trop flatteuse. Je me fais cependant un devoir de la reproduire telle qu'elle est, poussé uniquement par le sentiment des convenances et celui d'une reconnaissance bien sentie.

Puisse la bénédiction de votre main paternelle, donnée avec tant de bonté et de grâce à mon humble discours, le rendre profitable à la piété de mes lecteurs, et surtout au Cercle catholique de Montagnac, auquel Votre Grandeur voudra bien me permettre de le dédier !

J'ai l'honneur d'être,

Monseigneur,

de Votre Grandeur,

le très-humble et très-respectueux serviteur,

A. GINOUVÈS, *curé-doyen.*

Montagnac, le 2 août 1876.

PANÉGYRIQUE
DE SAINT FULCRAN

Evêque de Lodève

Et erit sepulchrum ejus gloriosum.
Son sépulcre sera glorieux.
(Isaïe. Ch. XI, v. 10.)

Mes Frères,

Il y aura bientôt neuf siècles, couché sur la cendre et le cilice, un humble Pontife de Lodève, nommé *Fulcran*, rendait sa belle âme à Dieu. L'oubli, qui accompagne presque toujours la mort, a respecté sa mémoire; les générations qui se sont succédé dans la cité se sont transmis, comme un titre d'honneur, le nom vénéré de ce Pontife; des fêtes pompeuses ont été instituées pour en perpétuer le souvenir; poussées par une influence mystérieuse et irrésistible, les populations environnantes les ont célébrées avec un empressement toujours nouveau, et aujourd'hui, comme aux jours antiques, elles accourent avec le même enthousiasme pour environner de leurs hommages le tombeau et les saintes reliques de Fulcran.

Quel est le roi, le conquérant ou le sage, qui pourrait attendre de la postérité un semblable triomphe ?... Ah! c'est que les palmes que décerne le monde sont comme lui éphémères et périssables; il n'y a que la religion qui puisse tresser d'immortelles couronnes.

Il y a près de trente ans, mes Frères, humble vicaire de cette église, je montais à pareil jour dans cette chaire, invité par le pasteur éminent (1) qui, pendant plus d'un demi-siècle, fut l'honneur, la joie et la vie de cette grande paroisse, qui le pleure encore.

Aujourd'hui, j'y monte de nouveau, invité par cet autre pasteur (2), au cœur d'or, dont vous avez déjà pu apprécier le zèle, et que le Seigneur tenait évidemment en réserve pour continuer dans Lodève ces belles et grandes traditions religieuses. — Qu'il reçoive ici mes remercîments les plus vifs de ce que son amitié me replace aujour-

---

(1) M. l'abbé Beaupilier (Hippolyte), décédé le 16 mai 1875, âgé de 74 ans.

(2) M. l'abbé D'Estève, nommé curé-archiprêtre de Lodève en 1875.

d'hui en présence d'un auditoire d'élite dont, jeune encore, j'ai pu apprécier plusieurs fois et l'indulgence et la sympathie!

Aussi, malgré la longueur de la séparation et les oublis qu'entraîne l'absence, j'arrive au milieu de vous, mes Frères, non comme un étranger, mais comme un ami qui vient assister à une fête de famille. Dans l'éloge que j'ai à prononcer devant vous, je n'ai pas d'autre prétention que celle de répéter cette légende traditionnelle que vous savez tous, que vous avez apprise de vos pères, que vous avez enseignée à vos enfants et qui, depuis des siècles, fait la gloire de votre cité. Suivre pas à pas Fulcran depuis son berceau jusques à son trône de Pontife-Seigneur, depuis son trône de Pontife-Seigneur jusques à son tombeau, dans la chapelle Saint-Michel, voilà tout le plan et tout le partage de ce discours. Ainsi, dans le cours de ce panégyrique, j'aurai bien plus à puiser dans vos souvenirs, dans vos pensées et vos sentiments que dans les miens propres, ou plutôt mes sentiments et les vôtres ne feront qu'un, et, confondus ensemble, ils monteront vers le ciel, jusques aux pieds de notre Pontife glorieux, comme un hymne de joie, d'admiration et d'amour.

O Marie! Fulcran fut toujours animé vis-à-vis

de vous des sentiments de la piété la plus tendre, la plus filiale (1). Prenez soin aujourd'hui de la gloire de votre serviteur, et ne permettez pas que ma faible parole puisse diminuer, mais augmente au contraire, si c'est possible, l'amour de son culte dans le cœur de tous ceux qui vont m'accorder leur favorable attention.

Ave Maria.

1ᵉʳ Point.

Si, par l'éclat de ses vertus, Fulcran n'avait effacé la gloire de sa naissance, je pourrais vous parler, mes Frères, de la grandeur et de la noblesse de son origine; mais à Dieu ne plaise que je veuille ici entourer Fulcran des rayons d'une gloire qu'il a toujours méprisée!... Si je la nomme seulement cette gloire humaine, c'est pour vous montrer, mes Frères, que la sainteté est possible dans tous les états.... qu'elle s'allie avec toutes les conditions pour les consacrer toutes à Dieu; mais que celui-là est évidemment plus grand et plus méri-

---

(1) Parmi les reliques de saint Fulcran, on remarque un gant de soie blanche portant, en caractères gothiques, cette inscription : *Præclara, gratiosa mater Dei digna, flos virginitatis, virgo regina*, c'est-à-dire : Illustre, gracieuse et digne Mère de Dieu, fleur de virginité, Vierge Reine.

tant aux yeux de Dieu et des hommes, qui parvient à la réaliser au milieu des plus grands obstacles.

Non loin de la ville de Lodève, au sein d'une vallée qu'on nomme *Mérifons* (1), on rencontre une chapelle rustique. Ce temple modeste fut l'objet de la sollicitude d'un de vos anciens évêques, qui en releva les ruines, et celui du culte naïf et confiant de vos aïeux, qui n'allaient jamais en vain y demander la pluie du ciel, pour leurs campagnes desséchées. C'est dans cette vallée bénie que la Providence plaça le berceau de Fulcran.

Le Ciel lui fit un bien riche présent en lui donnant une pieuse mère. Par une faveur céleste, Eustorgie put pressentir, avant la naissance de Fulcran, quelle devait être un jour la glorieuse destinée de celui qu'elle portait encore dans son sein. Revêtu de tous les caractères qui accompagnent ordinairement les visions divines, cet avertissement secret de la Providence était bien propre à engager cette mère chrétienne à veiller avec

---

(1) L'ancienne tradition rapporte que saint Fulcran naquit au terroir de Mérifons, diocèse de Lodève, et fut baptisé en l'église Saint-Pierre, paroisse du lieu.... C'est maintenant une petite église champêtre, ci-devant ruinée, mais remise à son entier par les ordres que nous en avons donnés en mémoire de ce glorieux saint.

(*Vie de saint Fulcran*, par Mgr DEBOUSQUET, 1651.)

encore plus de soin à ce que les vues de Dieu sur son fils ne fussent pas détournées.

Le sein d'une mère peut être une source de vice ou de vertu; aussi, Eustorgie, cette noble fille des Comtes, ne voulut se décharger sur personne des premiers soins à donner à son nouveau-né. Dieu et la nature viennent de l'investir comme d'un sacerdoce, en lui conférant la dignité de mère. Eustorgie saura en remplir toutes les obligations avec le même dévoûment, avec le même amour.

Combien j'aime à voir cette noble mère veiller avec sollicitude sur ce riche dépôt que vient de placer entre ses mains la Providence ! Combien j'aime à la voir se pencher avec amour et tendresse sur ce berceau qui renferme tant d'espérances ! Combien j'aime à la voir chercher à surprendre le premier sourire et la première parole de Fulcran pour les diriger vers le Ciel !

Assise sur les bords du ruisseau de Lignous, Eustorgie tient Fulcran sur ses genoux; elle le presse dans ses bras, et là, en présence des grandes scènes de la nature, par des raisons proportionnées à cette intelligence naissante et à cette âme qui s'ouvre aux premières impressions de la vie, elle l'élève vers l'Auteur de tant de merveilles, pour lui apprendre à l'adorer, à le bénir et à l'aimer ; elle distille et fait descendre de son cœur dans le sien les premiers principes de foi, d'espérance et d'amour, comme descendent les gouttes de rosée dans le calice d'une fleur. Leçons touchantes d'une mère chrétienne, quel est donc le cœur qui a jamais pu se dépouiller de votre souvenir !

Déposés dans une âme aussi bonne que celle de Fulcran par la plus pieuse des mères, ces premiers germes de vertu ne pouvaient que s'y développer rapidement et y produire des fruits précoces de justice et de piété.

Fulcran croissait en âge et en sagesse sous l'œil de Dieu et d'Eustorgie ; bien différent des autres enfants de son âge, qui ne soupirent qu'après les amusements et les jeux, il faisait ses délices de la prière et se rendait de lui-même à l'église pour y écouter la lecture ; une gravité modeste semblait présager sa dignité future : il n'était encore qu'un enfant et sa réputation se divulgant, comme celle de Jean-Baptiste, de montagne en montagne, tous les habitants se disaient avec une mystérieuse espérance : Que sera donc un jour cet enfant qui déjà fait dire de lui de si grandes merveilles ?

Cette jeune renommée arrive jusques au Pontife qui gouvernait alors l'église de Lodève. L'histoire ne nous a conservé de ce Pontife que son nom et l'honneur qu'il eut de comprendre et de seconder les desseins de Dieu sur Fulcran : cet honneur a suffi pour le rendre immortel dans le Lodévois. Théodoric veut voir Fulcran : il l'interroge, et plein d'admiration pour ses réponses, il le réclame pour Dieu.

Une mère n'a que des droits secondaires sur ses enfants ; semblable à Abraham, elle doit gravir d'un pas ferme et sûr la montagne du sacrifice ; elle doit tenir d'une main intrépide le glaive de l'immolation.

Eustorgie avait depuis longtemps offert au Seigneur le sacrifice de son fils ; c'était maintenant l'heure cruelle de l'exécution. Eustorgie était trop bonne mère, pour ne pas en sentir la douleur ; trop chrétienne, pour ne pas l'accomplir avec courage ; trop détachée d'elle-même, pour entrer dans aucune des considérations qui auraient pu l'adoucir.

Placée entre la voix du devoir et le cri de la nature, elle fait à Dieu l'offrande la plus complète de l'hostie qu'elle lui a préparée sans tache ; et, dès ce moment, nous ne la voyons plus reparaître dans la vie de Fulcran.

Je viens de vous esquisser, mes Frères, l'enfance de Fulcran; vous l'avez vu s'épanouir dans la solitude à côté de sa mère, semblable à ces fleurs récemment écloses qui brillent au soleil du désert et répandent autour d'elles leur odorant parfum.

Je vais maintenant vous montrer l'adolescent, devenu déjà riche de taille et beau en prestance, se prenant corps à corps avec lui-même et foulant aux pieds, pour l'anéantir, la triple concupiscence qu'il sentait avec tristesse se réveiller au fond de sa nature.

La première attaque de cette concupiscence, c'est une indépendance intérieure qui nous porte à secouer le joug de toute autorité, et qu'on a nommée, pour cela, la concupiscence de l'esprit; Fulcran la vaincra par l'esprit d'obéissance et d'humilité.

Tous les jours, il lutte contre sa volonté propre; tous les jours il la brise, en la conformant sans réserve à la volonté de Théodoric. Théodoric est son évêque; il est son nouveau père; sa voix est pour Fulcran la voix de Dieu : à elle de régler ses actions, ses pensées et jusques à la source de ses désirs. O sainte vertu d'obéissance, c'est vous qui appreniez à Fulcran l'art si difficile du commandement ! c'est vous qui lui

2

conféringiez le droit de l'exercer un jour avec autant de justice que de puissance.

A cet esprit d'obéissance, Fulcran joignait encore la méfiance de lui-même et l'humilité la plus profonde.

On ne connaissait pas alors cette science vaine qui, jetant un regard de dédain sur toutes les croyances, commence par couvrir l'âme de son adepte de désolation et de ruines, pour la livrer ensuite aux angoisses du doute et du désespoir. Mais l'on étudiait cette science plus modeste et aussi plus féconde qui, admettant un ordre de vérités révélées, ne rougit pas de se déclarer l'humble servante de la foi, et se fait gloire, après avoir illuminé l'esprit humain de sa lumière propre, de l'introduire dans le sanctuaire de la Théologie, cette reine des sciences, cette contemplation sereine de la vérité révélée, pour y puiser le complément nécessaire de ses connaissances.

Encore, même dans l'ordre de ces études, intimement persuadé que, dépourvu de direction divine, l'esprit humain n'est plus qu'un navire flottant sans boussole et sans gouvernail, au sein des ténèbres, Fulcran cherchait surtout dans la prière la vérité qu'il croyait ne pouvoir trouver hors de Dieu, qui en est tout à la fois et la source et la plénitude.

L'esprit d'humilité chrétienne était donc entré dans l'âme de Fulcran avec les premières leçons de la foi ; cet esprit dominera sa vie tout entière.

Sous l'empire de la concupiscence du cœur, le jeune adolescent se sent pressé par le besoin intime et profond d'aimer et d'être aimé. Téméraire, il s'en va, demandant à la créature, ce qui n'appartient qu'au Créateur, de combler par l'amour la vaste capacité de son âme; et, s'éloignant toujours davantage du souverain bien, il marche d'illusions en illusions, à travers une voie semée de stériles douleurs, heureux si, fatigué de tant de déceptions amères, il vient tomber de lassitude sur votre cœur, ô mon Dieu, pour y goûter le repos !

Fulcran échappe à cette tentation si délicate. A l'âge où le jeune homme s'élance avec tant d'ardeur vers un avenir si souvent mensonger, il ne jette pas même un regard sur les espérances magnifiques qui l'attendent. Issu d'une famille qui occupait le premier rang dans le marquisat de Gothie, il passe de la solitude de Mérifons dans la retraite encore plus austère du cloître épiscopal, à cette époque, seul asile, unique foyer de la science. Les besoins mystérieux qui soulèvent quelquefois son jeune cœur, il les dévoile à Dieu, à Dieu seul, au milieu des ombres du sanctuaire ; à Dieu seul il demande de les remplir. L'unique lien, lien si pur qui l'attachait encore à la terre, s'est rompu depuis que Fulcran s'est séparé de sa mère pour se donner entièrement à son Dieu. C'en est fait, semblable à l'urne du sanctuaire, dont le parfum aspire toujours vers les régions éthérées, le cœur de Fulcran s'est entièrement fermé à la terre ; il n'est ouvert que pour le Ciel ; il ne sent plus, il ne vit plus, il ne respire plus que pour Dieu.

Quelle ne fut pas la guerre que Fulcran déclara à cette autre concupiscence encore plus grossière qui, s'attachant au corps et enflammant ses passions, devient pour lui un principe de corruption et de mort ?

Ferventes prières, jeûnes rigoureux, flagellations sanglantes, saintes rigueurs de la pénitence, vous veniez tour à tour en aide à Fulcran, dans ce rude combat de la chair contre l'esprit, et dans ce combat terrible, inexorable, le corps, cet ennemi de l'âme, se soumet, il s'épure, il se spiritualise, à tel point qu'un auteur a pu chanter de Fulcran cet éloge plein de fraîcheur : « En Fulcran, n'a jamais été ternie la pudeur, couleur de neige, ses lis respirent l'odeur de l'empyrée ! »

C'est ainsi que Fulcran, sous l'influence de la

grâce divine et par les efforts d'une volonté toujours constante, changea les heureux instincts de l'enfance en solides et mâles vertus.

Théodoric suivait avec sollicitude les progrès que Fulcran faisait de jour en jour dans la sainteté. Désireux de rendre utiles à l'Église les talents et les vertus de ce jeune lévite qui, depuis longtemps, remplit son cœur d'espérance, il croit le moment venu de lui imposer les mains; il le consacre prêtre.

Fulcran seul tremblait de frayeur pendant que le Pontife faisait couler sur ses mains l'huile sainte. Porter sur son front le signe sacerdotal, quelle dignité sublime!... mais aussi, qu'elle est redoutable!... Car le prêtre, ce n'est pas seulement le délégué de Jésus-Christ, mais c'est Jésus-Christ lui-même. Il en a la puissance, il doit en avoir les vertus. Comme la sienne, sa vie doit être parfaite, divine... Quel ne doit pas être son dévoûment? Comme Jésus-Christ, le prêtre doit se faire, tous les jours, victime pour son Père céleste; comme lui, il doit être prêt à se faire anathème pour le dernier de ses frères.

Voilà l'idée sublime que Fulcran s'était faite du sacerdoce; c'est elle qui, dès ce moment, inspira tous ses actes et lui fit accomplir en peu de temps, auprès de Théodoric, tant de miracles de régénération et de salut.

La réputation du saint prêtre Fulcran s'étend bientôt dans tout le Lodévois, elle en franchit les limites, elle arrive aux diocèses voisins. L'évêque de Maguelone veut l'associer comme archidiacre à l'administration de son antique église, avec laquelle Fulcran se trouvait attaché d'ailleurs par les plus nobles liens du sang (1).

Théodoric céda, non sans regret, ce jeune prêtre qu'il se plaisait à appeler son fils, parce qu'en lui donnant l'onction sainte, il semblait lui avoir communiqué en même temps et son esprit et son cœur.

Mais la Providence avait en cela ses desseins; il fallait, en effet, que Fulcran étendît au loin l'action de son zèle; il fallait que cette lumière brillante fût tirée de dessous le boisseau et qu'elle éclairât davantage la maison d'Israël; il fallait que, par le maniement des affaires ecclésiastiques, Dieu préparât en Fulcran le grand Évêque; il fallait enfin que Fulcran s'éloignât, comme s'il ne devait jamais la revoir, de cette Église qu'il

---

(1) On prétend que sa mère était fille d'un comte de Subtancion ou de Maguelone : dans ce cas, elle devait être fille ou sœur du comte Bernard 1er.

(*Hist. génér. du Languedoc*, t. III, liv. XII, p. 35.)

devait un jour couronner de tant de gloire, afin qu'éclatât davantage au grand jour, et la profondeur de son humilité, et la divinité de son élection.

Cependant, le moment approche où Lodève va recouvrer, enfin, le trésor qu'elle a seulement prêté à Maguelone, sa sœur. Théodoric vient de descendre dans la tombe ; mais avant de s'éteindre, sa voix a prononcé un nom, symbole d'espérance : Théodoric a nommé *Fulcran*. Ce nom, le peuple l'a recueilli ; les princes de la cité l'ont confirmé ; le Chapitre lui a donné la consécration canonique ; ainsi, sans lutte de parti et par l'accord spontané des trois pouvoirs, Fulcran se trouve élu évêque de Lodève ; et l'antique siége des Flour, des Amant et des Georges tressaille, parce que sur lui va se lever l'aurore des anciens jours.

Mes Frères, l'épiscopat n'était pas alors ce qu'il est devenu aujourd'hui, une charge plutôt qu'un honneur, et sa couronne n'était pas seulement un bandeau d'épines, qui imprime aux fronts qui savent le porter sans faiblir, une majesté nouvelle.

L'épiscopat, c'était, à cette époque, non-seulement la dispensation des grâces célestes, mais encore la domination temporelle avec ses droits, priviléges et honneurs. L'épiscopat, c'était, au point de vue humain, un reflet véritable, un certain écoulement de l'autorité royale qui, de son côté, puisait en lui son appui, sa force, sa consécration. Voilà, mes Frères, ce qu'était l'épiscopat au dixième siècle; voilà la couronne que les députés de Lodève apportent à Fulcran !

Fulcran, détournant ses regards de toutes ces grandeurs humaines, les fixe sur l'immense responsabilité qu'il va dès ce moment assumer, et il croit entendre déjà la voix de Celui qui juge les souverains lui demander un compte sévère de sa gestion. Saisi d'épouvante, il a pris la fuite! Il faudra le poursuivre, il faudra l'arracher avec violence à sa retraite; il faudra, nouvel Ambroise, le conduire, le traîner tremblant, éploré, sous les mains de l'archevêque de Narbonne, Aymeric, Pontife consécrateur, comme l'on conduit une victime sur l'autel du sacrifice.

Étonnante humilité de Fulcran, combien vous confondez nos vues humaines, et quelles merveilles ne nous donnez-vous pas le droit d'attendre d'un épiscopat inauguré sous de pareils auspices?..

2ᵉ Point.

Ce fut un beau jour pour Lodève que celui où Fulcran, revêtu des insignes de l'épiscopat, fit son entrée dans ses murs ! C'était un de ses propres fils qui lui était donné pour pasteur. Son enfance angélique, son adolescence grave et modeste, son sacerdoce tout éclatant de vertus, étaient présents à tous les souvenirs, et de ces souvenirs naissaient dans tous les cœurs les plus chères espérances ; aussi, la foule, sortie en dehors des portes de la ville, éclata en vifs transports d'enthousiasme dès qu'elle aperçut la face auguste de son Fulcran ! Tous alors : peuple, prêtres, seigneurs, n'eurent qu'une même voix pour l'acclamer, et l'on peut dire que Fulcran fut porté sur son trône sur les bras même de ses enfants.

Témoignage pompeux et solennel ! quelle impression funeste peut-être n'auriez-vous pas pu produire sur un cœur vulgaire ?

Calme au milieu des démonstrations les plus vives, Fulcran en rapporte à Dieu tout l'honneur, et, maître de son âme au sein de son triomphe, il médite sur la vanité des grandeurs humaines et sur les tribulations inséparables de fonctions qui imposent de si graves devoirs.

Sa conduite prouva bientôt que, s'il avait mis tant d'empressement à fuir les honneurs de l'épiscopat, ce n'était pas en lui l'effet d'une âme pusillanime, incapable de se placer à la hauteur d'une position souveraine, d'en comprendre et d'en remplir les devoirs.

Porté, malgré lui, sur un des siéges les plus antiques des Gaules, il saisit aussitôt d'une main sûre les rênes de son Église, et chacun de ses actes annonça l'homme que la Providence avait formé tout exprès pour opérer une régénération dans ces temps difficiles.

Le premier devoir d'un évêque consiste à connaître son troupeau; s'il ne le connaît, comment le paître?... comment le défendre? comment le régir?

A peine Fulcran a-t-il baisé ces autels sur lesquels il a, pour la première fois, offert le saint sacrifice, qu'il veut parcourir son diocèse et juger par ses propres yeux de l'état de son troupeau. Ni les torrents profonds, ni les rochers abruptes, ni les sommets inaccessibles, ne peuvent ralentir l'ardeur de sa marche : Fulcran veut pénétrer dans les plus humbles chaumières; il veut que toutes ses brebis le voient, le touchent et l'entendent ; il écoute avec bonté et douceur le récit que chacun lui fait de sa joie ou de sa tristesse ; il veut connaître les besoins de tous, et, quand il ne peut pas les soulager, il les adoucit au moins par de bienveillantes paroles. Pasteur de tous, il sait être grand avec les grands, petit avec les petits ; il se fait tout à tous pour les gagner tous à Jésus-Christ.

Le second devoir de l'évêque, c'est de nourrir son troupeau du pain de la divine parole.

Les Apôtres regardaient ce devoir comme si impérieux pour eux, que, tout en se déchargeant sur d'autres ministres subalternes de certaines œuvres de miséricorde et de zèle, ils gardèrent comme à eux propre le si grave ministère de la prédication.

Fulcran, à l'exemple des Apôtres, faisait retentir en tout temps et en tout lieu le son de la trompette évangélique; il tonnait avec intrépidité contre le vice, alors même que le vice s'abritait sous la puissance ; au milieu de ses courses, quoique épuisé de fatigue, il prêchait plusieurs fois le jour. Son éloquence naturelle puisait des inspirations sublimes dans les ardeurs de sa foi et dans sa connaissance parfaite des Livres saints ; la tradition rapporte que les pécheurs les plus endurcis tremblaient d'une terreur salutaire, lorsque Fulcran, au milieu de la foule électrisée par le feu de sa parole, faisait entendre ces mâles accents du prophète : « Pécheurs, cessez donc de faire le mal, et gardez-vous surtout de vous enorgueillir si vos crimes prospèrent (1). »

Le troisième devoir de l'évêque consiste à se montrer fidèle gardien de la doctrine.

Versé dans la connaissance des saintes lettres, possédant la science des conciles qu'il avait plusieurs fois éclairés de ses lumières, Fulcran se montra toujours l'ennemi implacable de toute nouveauté dans l'enseignement de la foi ; et il n'eut pas d'autre ambition que celle de transmettre pur et intact à la postérité le trésor de science divine qu'il n'avait pas formé lui-même, mais qu'il avait reçu par tradition des Apôtres, qui l'avaient eux-mêmes reçu de Jésus-Christ.

Il combattit avec vigueur les pratiques superstitieuses, restes du paganisme, partout où il les rencontra sur ses pas ; et dans ce troupeau qui avait été autrefois infecté du venin de l'arianisme, qui devait être plus tard troublé par la secte des albigeois, aucune hérésie n'osa lever la tête en présence de Fulcran ; il sut si bien serrer les

---

(1) Dixi iniquis : nolite iniquè agere : et delinquentibus : nolite exaltare cornu.
(Ps. LXXIV, 5.)

liens de l'unité catholique dans son diocèse, que l'édifice qu'il avait élevé se maintint comme de lui-même après sa mort, et qu'un ancien auteur n'hésite pas à regarder Fulcran comme le soutien puissant, l'état conservateur et la colonne inébranlable de l'église de Lodève.

Enfin, mes Frères, l'évêque doit travailler de toutes ses forces à maintenir, dans le diocèse qui lui est confié, la discipline dans toute sa pureté et sa vigueur ; et comme ici le précepte serait sans force s'il n'était précédé de l'exemple, il faut que l'évêque lui-même, par la sainteté de sa vie, devienne comme la règle et la forme même du troupeau.

Nous avons déjà admiré, mes Frères, jusques à quel degré de vertu s'était élevé Fulcran avant de recevoir la plénitude du sacerdoce ; qui pourrait dire à quelle perfection fut portée sa sainteté par la consécration épiscopale et l'exercice de ses fonctions sublimes ?

Sa prière était devenue une véritable contemplation ; souvent, quand il montait à l'autel pour offrir le Saint-Sacrifice, ou quand il allait, Pontife suppliant, se placer dans le sanctuaire, entre Dieu irrité et son peuple coupable, on voyait son noble visage inondé de larmes. Le dimanche, aux festivités des Apôtres, tous les jours du carême, il lavait les pieds à douze pauvres ; il leur distribuait des vêtements et pourvoyait largement à leur nourriture. Au moment de sa mort, en présence de Dieu, qui allait devenir son juge, et de l'éternité, qui s'ouvrait devant lui, il affirma qu'il avait traversé sans souillure ce siècle de corruption.

Au sein des richesses, il se montrait animé de l'esprit de pauvreté la plus grande ; au sein des honneurs, il pratiquait l'humilité la plus parfaite ; il avait coutume de dire : « Je suis un serviteur inutile, j'occupe vainement la place d'un Évêque. »

Sous les riches habits dont il était obligé de se couvrir pour la splendeur de sa dignité, il portait un rude cilice. Trois fois, il prit le bâton et le manteau de pèlerin pour aller visiter, à pied, la ville éternelle ; trois fois, le corps courbé, les épaules nues, les reins entourés d'une ceinture d'épines, il se fit conduire, battu de verges, jusques à la porte de la basilique des saints Apôtres ; trois fois, il étonna le Sénat apostolique et le Souverain Pontife lui-même, et par l'abondance de ses aumônes et par les austérités de sa pénitence.

Mes Frères, quand la vertu se trouve portée à ce degré, elle acquiert un ascendant irrésistible, une sorte de toute-puissance. Aussi, sous la vigoureuse direction de Fulcran, tout reprend une vie nouvelle : le clergé observe les saintes règles canoniques, les ordres monastiques refleurissent avec éclat, la discipline reprend sa force et sa pureté, le peuple marche avec zèle dans les voies du salut, l'ordre et la justice règnent dans tous les rangs, et c'est Fulcran qui est l'âme de cette régénération salutaire.

Vous voulûtes, ô mon Dieu, rendre l'influence du saint Pontife encore plus efficace, en lui accordant le don des miracles. L'aveugle recouvre la vue en mouillant sa paupière dans l'eau de son ablution ; les restes de ses repas, recueillis et distribués aux malades, leur rendent la force et la santé ; à sa voix, les hommes les plus farouches renoncent à leurs desseins criminels, ils deviennent doux et timides comme des agneaux ; les remparts élevés, derrière lesquels des brigands s'abritent, croulent avec fracas ; devant lui, le démon prend la fuite, la peste arrête ses ravages, la mort elle-même rend ses victimes ! Tous ces prodiges, preuves évidentes de la sainteté de Fulcran, sont arrivés jusques à nous par une tradition des plus certaines ; et, d'ailleurs, ne se trouvent-ils pas confirmés par une foule d'autres miracles moins connus, quoique plus récents, dont peut-être plusieurs des pèlerins qui m'écoutent, viennent tout exprès pour remercier ici notre puissant Protecteur?

Je vous ai dit, mes Frères, comment Fulcran comprenait et remplissait ses devoirs d'évêque; je ne vous ai pas encore dit comment il comprenait et remplissait ses devoirs de seigneur.

Ces deux mots : *force* et *douceur* devraient être gravés sur sa bannière, parce qu'ils résument tous ses actes et dominent sa vie entière. Toujours Fulcran contre-balança ses droits de seigneur par ses devoirs de père; alors que les dépositaires de la puissance semblaient rendre à plaisir leur sceptre dur et pesant, Fulcran, mieux inspiré par sa foi, s'appliquait à rendre l'obéissance de ses vassaux plus facile par la douceur de son commandement : il était le père du pupille, de la veuve, de l'orphelin, et il les soutenait par ses largesses. Dans un temps de désastreuse mémoire, où la famine vint ravager ces contrées, il sacrifia toutes ses richesses pour nourrir, non-seulement son peuple, mais encore les mendiants affamés qui accouraient des diocèses voisins, et quand toutes ces richesses furent épuisées, on vit, ô spectacle digne d'admiration! ce pontife-seigneur se faire lui-même mendiant!

on le vit parcourir les bourgs et châteaux de sa seigneurie, émouvant les cœurs des riches par ses prières, forçant par son autorité ceux qu'une sordide avarice rendait impitoyables pour leurs frères; on le vit traverser avec intrépidité des embuscades désarmées à son approche, et, triomphant, amener, des contrées plus heureuses, le pain nécessaire pour arracher à la faim et au désespoir ceux que le droit public pouvait bien rendre ses vassaux, mais que la religion l'obligeait à considérer comme des frères.

De la fermeté, il sut en déployer pour rétablir l'ordre et la sécurité dans sa seigneurie, infestée par des bandits appelés *routiers,* hommes méchants et audacieux, capables de toutes sortes de crimes; de la fermeté, il sut en déployer pour s'opposer comme un mur d'airain, aux empiétements militaires si fréquents à cette époque; pour exiger la réparation des torts, la restitution pleine et entière des titres et des biens usurpés ou mal acquis! Fulcran porta haut sa bannière et ne l'abaissa lâchement devant personne: il résista avec une noble fierté et une sainte colère aux folles prétentions des puissants; il punit leur témérité; il leur pardonna avec clémence, et par ce mélange de fermeté et de douceur, il mérita qu'on dît vulgairement de lui ces paroles, qui renferment le plus bel éloge que l'on puisse faire d'un gouvernement : « Fulcran frappe avec le bras vigoureux du père, il pardonne avec le cœur compatissant de la mère (1). »

La splendeur et la munificence dans les monuments religieux est encore un trait brillant de l'administration temporelle de Fulcran. L'architecture de ce temple où nous nous trouvons réunis accuse, sans doute, une époque postérieure à celle de notre Saint ; mais il est hors de doute que ce grand Évêque éleva, en l'honneur de saint Genès, une superbe basilique qui peut bien avoir servi de base à celle que nous admirons aujourd'hui ; il est certain qu'une tour majestueuse, posée sur l'un de ses flancs, porta dans les airs, à travers les âges, malgré les menaces d'Heldin, prince de la cité, qui s'était opposé à sa construction, et la puissance et la somptuosité de Fulcran.

N'est-il pas vrai, mes Frères, que si, vous retournant en arrière, vous embrassez maintenant d'une seule vue ce siècle fortuné que Fulcran remplit de sa longue vie, sa figure vous apparaîtra belle, majestueuse, entourée des traits de la

(1)   Verbera patris habens,
Ubera matris habes.
(Chron. Ep. Lod. et Boll.)

véritable grandeur? Combien cette grande personnalité, formée par la religion, au milieu des agitations du dixième siècle, qui domina son époque et grava dans les imaginations populaires une impression telle de respect et d'amour, que les siècles n'ont pu l'affaiblir, me semble propre à confondre et à réduire au silence tous nos détracteurs-pygmées du moyen âge! Quant à moi, mes Frères, je ne sais ce que je dois admirer le plus dans cette belle et grande figure de Fulcran, ou la dignité et la sainteté du Pontife, ou la majesté et l'autorité du Seigneur!

Oh! qu'elle dut être glorieuse pour le pays lutévain cette période de son histoire, remplie tout entière par la vie d'un si grand Pontife! Il était adoré de son clergé, aimé de son peuple, admiré des églises voisines, chéri et béni de tous, surtout des pauvres et des malheureux; aussi, l'appréhension seule de sa mort remplissait tous les cœurs de tristesse.

Cette appréhension, si cruelle pour son peuple, était, au contraire, pour Fulcran une douce espérance. Intérieurement averti de sa mort prochaine, il répond à cet appel de Dieu avec la satisfaction du laboureur fatigué qui va goûter le repos; avec la joie du soldat vaillant qui va recevoir la récompense.

Sentant approcher le dernier jour, Fulcran malade veut descendre encore une fois dans sa cathédrale de Saint-Genès ; il asperge le tombeau qu'il s'est préparé dans la chapelle Saint-Michel ; il bénit avec affection une dernière fois son peuple qu'il laisse plongé dans la consternation et dans les larmes ; il remonte sur son lit de douleur, et, accablé de vieillesse, brisé de travail, épuisé d'abstinences, il reçoit sur la cendre et le cilice les derniers sacrements, entouré de son clergé, et il meurt en disant : « Mon Dieu ! je remets mon âme entre vos mains. »

Tous les habitants de la ville et des environs accourent ; ils remplissent le palais ; ils entourent le cercueil et ils ne peuvent se lasser de contempler sur les traits de ce père vénéré, qu'on dirait seulement plongé dans un doux sommeil, comme un reflet de la sérénité et de la béatitude célestes.

Deux cents ans après la mort de Fulcran, son tombeau rendait intact, odorant et incorruptible son corps glorieux. Ce corps, qui n'avait pas connu de souillures, ne devait-il pas, en effet, se trouver exempt de dissolution ? Pendant une suite de plusieurs siècles, ce corps saint, revêtu de ses habits pontificaux, fut exposé, à pareil jour, à la vénération publique. Quand apparaissait sur nos autels cette belle et grande figure, qui avait conservé jusque dans la mort toute la majesté de la sainteté et de la puissance, vos pères semblaient oublier qu'ils ne possédaient de Fulcran qu'une froide dépouille, et, par leur empressement affectueux, ils semblaient communiquer encore avec leur Pontife vivant.

Vainement, l'hérésie du XVIe siècle a voulu, dans sa haine aveugle, anéantir ce précieux trésor. Par ses mutilations sacriléges, elle n'a fait que satisfaire, autant que possible, le désir qu'avait toujours eu notre Saint, de mourir pour Jésus-Christ; elle en a fait un martyr au delà de la tombe; mais jamais sa main glacée n'a pu éteindre dans le cœur des Lodévois le culte de leur Fulcran. Ils ont recueilli avec soin, respect et amour les débris de son corps mutilé par le fer, noirci par la flamme; ils se les sont transmis comme un héritage sacré à travers les révolutions et les orages, et aujourd'hui encore, quand plusieurs fois cette basilique a été veuve de ses pompes sacrées et a servi à de vils usages, ces mêmes restes du corps de Fulcran se trouvent replacés avec honneur sur ses autels relevés; ces mêmes voûtes retentissent des mêmes hymnes qu'ont chantées vos pères, et la vieille église réjouie semble élargir et dilater ses vastes flancs, pour recueillir les foules qui accourent, heureuses de pouvoir placer encore les plus chers objets de leur affection sous la protection de ce palladium sacré.

O noble cité de Lodève ! fais donc retentir en ce jour béni les airs de tes chants de triomphe ! Chante, chante de tout ton cœur tes hymnes et tes cantiques en l'honneur de Fulcran !

Depuis que, fille errante des Gaules, tu fixas tes pas dans cette vallée ; tu as, sans doute, conquis bien des droits à l'admiration ; mais que toute gloire est éphémère ! le temps a couvert de son voile sombre les titres qui auraient pu flatter ta vanité ; console-toi, le Ciel a voulu te donner une gloire plus solide ; il a placé sur ton front le nom de Fulcran !... Ce nom y brille comme un diadème, il t'assure l'immortalité !...

Et vous, Saint Pontife, du haut de ce trône étincelant de gloire sur lequel vous ont élevé vos vertus, daignez abaisser sur nous un de vos regards compatissants, daignez incliner votre bras pour nous bénir !

Bénissez d'abord ce pasteur plein de zèle qui vient d'entrer en possession d'une si belle part de votre héritage, et qui, en arrivant au milieu de son troupeau, comme vous, lui a donné sans réserve et sa vie et son cœur !....

Bénissez tous ces pèlerins dont la foi est si vive, qui viennent tous les ans de mille lieux divers pour prier aux pieds de votre tombeau et continuer à vos ossements sacrés un triomphe sept fois séculaire !

Bénissez surtout cette paroisse qui est la vôtre; étendez toujours sur elle votre houlette de pasteur; Lodève appartient et appartiendra toujours à Fulcran ! Détournez d'elle les calamités et les fléaux; détournez-en surtout le péché qui les attire; faites descendre sur ses montagnes et dans ses vallées la pluie du ciel qui les fertilise; faites descendre surtout dans les âmes la rosée de la grâce divine qui, seule, peut y faire germer la vertu.

Au milieu de ces temps troublés, en présence de cet avenir menaçant qui est devant nous, présidez au maintien de la paix, de l'union, de la concorde entre ceux qui sont tous vos enfants; que le riche continue à aimer, à respecter, à secourir le pauvre; qu'il continue à lui donner la plus honorable des assistances en lui procurant un travail suffisamment rémunérateur; que le pauvre se montre, de son côté, patient, résigné, laborieux, reconnaissant et fidèle ! Puisse, glorieux Pontife, de cet accord mutuel, effet de votre protection salutaire, résulter une ère de prospérité pour une industrie qui est tout à la fois l'honneur et la providence de la cité ! Puisse en résulter surtout la charité, ce lien des âmes, qui, après avoir fait notre bonheur passager sur la terre, nous donnera enfin l'éternelle paix et l'impérissable félicité dans le ciel !

Ainsi soit-il.

www.ingramcontent.com/pod-product-compliance
Lightning Source LLC
Chambersburg PA
CBHW070706050426
42451CB00008B/518